Ye

9170

EPITRES

NOUVELLES

DE

Mr. ROUSSEAU.

A AMSTERDAM,

Chez FRANÇOIS CHANGUION.

MDCCXXXVII.

EPITRE VII.

AU R. P. BRUMOY,

Auteur du Théatre des Grecs.

OUI, cher Brumoy, ton immortel Ouvrage
Va desormais dissiper le nuage,
Où parmi nous le Théatre avili,
Depuis trente ans semble être enseveli ;
Et l'éclairant de ta noble lumiere,
Lui rendre enfin sa dignité premiere.
De ses débris zelé restaurateur,
Et chez les Grecs hardi navigateur,
Toi seul as sçu dans ta pénible course
De ses beautez nous déterrer la source,
Et démêler les détours sinueux
De ce Dédale oblique & tortueux,

Ouvert jadis par la sœur de Thalie
Aux seuls Auteurs du Cid & d'Athalie;
Mais après eux, hélas! abandonné
Au goût pervers d'un siecle efféminé,
Qui ne prenant pour conseil & pour guide
Que les leçons de Tibulle & d'Ovide,
Et n'estimant dignes d'être applaudis
Que des Héros par l'amour affadis,
Nous a produit cette foule incommode
D'Auteurs glacez, qui séduits par la mode
N'exposent plus à nos yeux fatiguez
Que des Romans en vers dialoguez;
Et d'un fatras de rimes accolées
Assaisonnant leurs fadeurs ampoulées,
Semblent vouloir par d'immuables loix
Borner tout l'art du Théatre François
A commenter dans leurs scenes dolentes
Du doux Quinaut les Pandectes galantes.

   Mais de ce stile éflanqué, sans vigueur,
J'aime encor mieux l'insipide langueur,
Que l'emphatique & burlesque étalage
D'un faux Sublime enté sur l'assemblage
De ces grands mots, clinquant de l'oraison,
Enflez de vent & vuides de raison,

Dont

Dont le concours difcordant & barbare
N'eft qu'un vain bruit, une fotte fanfare,
Et qui par force & fans choix enrollez
Hurlent d'effroi de fe voir accouplez
Ce n'eft pourtant que fur ces balivernes
Qu'un fol effain d'Euripides modernes,
Creux au dedans, bourfoufflez au dehors,
S'eft mis en droit, prodiguant fes accords,
D'importuner de fa voix imbécille
Et le Théatre, & la Cour, & la Ville.

Quoi? diras-tu, ce privilege exquis
D'un vœu commum leur feroit-il acquis?
Le goût public auroit-il par mégarde
Reçu fa loi du leur? Dieu nous en garde!
Il eft encor des Juges éclairez,
Des efprits fains, & des yeux épurez,
Pour difcerner par un choix équitable
L'or de billon d'avec l'or véritable:
N'en doutons point; mais à parler fans fard,
Leur petit nombre extrait & mis à part,
Que refte-t-il? qu'un tas de vains Critiques,
D'efprits legers, de cerveaux fantaftiques,
Du faux mérite Orateurs dominans,
Fades loueurs, cenfeurs impertinens,

Comp-

Comptant pour rien juſteſſe, ordre, harmonie,

Et confondant ſous le nom de génie

Tout mot nouveau, tout trait alambiqué,

Tout ſentiment abſtrait, ſophiſtiqué,

Toute morale inſipide & glacée,

Toute ſubtile & frivole penſée;

Du ſens-commum déclarez ennemis,

Et de l'eſprit adorateurs ſoumis :

Car c'eſt l'eſprit qui ſur-tout enſorcelle

Nos Raiſonneurs à petite cervelle,

Linx dans le rien, taupes dans le réel,

Dont l'œil aigu, perçant, ſurnaturel,

Voyant à plein mille taches pour une

Dans le Soleil, n'en voit point dans la Lune.

Voilà quel eſt le Tribunal prudent

De nos Prévôts du Pinde. Cependant

Si devant eux commençant ſa carriere,

D'un jeune Auteur la Muſe avanturiere

Vient à s'ouvrir quelque obligeant accès,

Et peut enfin par un heureux ſuccès

Dans les rayons de ces grands météores

Faire briller ſes débiles phoſphores,

Dieu ſçait l'orgueil où prompt à ſe flater

Notre étourdi va ſe précipiter.

C'étoit

C'étoit d'abord un aspirant timide,
C'est maintenant un Docteur intrépide;
Et non content d'inonder tout Paris
D'un Océan de perfides écrits,
Et d'étouffer ses Libraires crédules
Sous des monceaux de papiers ridicules;
Tels qu'on pourroit, si la Cour des neuf Sœurs
Pour la Police avoit ses Assesseurs,
Ses Sanhédrins & ses Aréopages;
Le bruler vif dans ses propres ouvrages?
En ses accès je ne vous répons pas
Qu'ayant déja mis le bon-sens à bas,
Il n'entreprenne avec la même audace
De renverser tout l'ordre du Parnasse;
Et que la Rime attaquée en son Fort
De la Raison n'éprouve aussi le sort.
Et pourquoi non? n'a-t-il pas ses Alcides?
Et sans compter tant d'illustres stupides,
Tant d'Aigrefins sur le Parnasse errans,
Et tant d'Abbez doctement ignorans;
Pour s'épauler d'un garant moins indigne,
Ne peut-il pas citer l'exemple insigne
D'un nourrisson du Parnasse avoué,
Qui quelquefois dans son stile enjoué

A 3

Sçut

Sçut accorder, quoiqu'avec retenue,

Quelque licence à sa Muse ingénue?

Oui, j'en conviens : mais pour t'humilier

Appren de moi, sourcilleux écolier,

Que ce qu'on souffre, encore qu'avec peine,

Dans un Voiture ou dans un La Fontaine,

Ne peut passer, malgré tes beaux discours,

Dans les essais d'un Rimeur de deux jours :

Que la licence, humble, abjecte & soumise,

Au rang des loix ne sçauroit être admise :

Qu'un sage Auteur qui veut se faire un nom

Peut en user, mais en abuser, non;

Et que jamais, quelque appui qu'on lui prête,

Mauvais Rimeur n'a fait un bon Poëte.

Que La Fontaine ait donc, je le veux bien,

De quelque règle étendu le lien;

Pour abolir toute loi prononcée,

En est-ce assez de l'avoir transgressée?

Et puis d'ailleurs, par où t'es-tu flatté

Qu'en l'imitant par son mauvais côté,

Tu tireras de ta chétive Muse

Tout l'excellent qui lui tient lieu d'excuse?

Trouveras-tu, raisonnons de sang froid,

Dans les tiroirs de ton génie étroit

Ces

Ces grands pinceaux dont sa main toujours sure
Peignit si bien les traits de la nature ?
Sauras-tu , dis-je , ayant bien consulté
Son coloris & sa naïveté ,
Dans tes tableaux sous cent nouvelles faces
Nous présenter toujours les mêmes graces ,
Et comme lui par cet art enchanteur
Trouver la clé de l'ame du Lecteur ?
Bon , dira-t-il ! le piaisant parallelle !
Le bel emploi pour ma lyre immortelle !
Outre qu'il est d'un Maitre tel que moi
De ne connoitre autre guide que soi ,
De s'éloigner des routes anciennes ,
Et de n'avoir de règles que les siennes ,
J'ai pris un vol qui m'éleve au dessus
De la nature & des communs abus ;
Et le bon-sens, la justesse, & la rime
Dégraderoient mon tragique Sublime.
Si ce n'est-là sa réponse , du moins
C'est sa pensée ; & j'en ai pour témoins
Ces vers bouffis où sa Muse hydropique
Nous dévelope en stile magnifique
Tout le phébus qu'on reproche à Brebeuf,
Enguenillé des rimes du Pont-Neuf.

A 4

Dé-

Déja tout fier de son propre suffrage,
En plein théatre étalant son plumage,
Il se panade, & voit le Ciel ouvert
Dans son azur au grand jour découvert:
Et par hazard si quelque astre propice
Vient s'en mêler, & fait entrer en lice
Pour l'appuyer, quelque étourneau titré,
Quelque veau d'or par Plutus illustré,
Ou quelque Fée autrefois Sœur professe
Dans Amathonte, aujourd'hui Mere Abbesse;
Incontinent vous l'allez voir s'enfler
De tout le vent que peut faire souffler
Dans les fourneaux d'une tête échauffée
Fatuité sur sottise greffée.
Ouvrez les yeux, ignorans sectateurs
De mes grossiers & vils compétiteurs.
Ils tirent tous leur lumiere débile
Des vains secours d'une étude stérile:
Pour moi, l'éclat dont je brille aujourd'hui
Vient de moi seul, je ne tiens rien d'autrui.
Mon Apollon ne règle point sa note
Sur le clavier d'Horace & d'Aristote.
Sophocle, Eschile, Homere ni Platon
Ne m'ont jamais rien appris. Vraiment non.

On

On le voit bien: mais ce qu'on voit encore,
C'eſt que vos fleurs n'ont vêcu qu'une Aurore,
Que votre éclat n'eſt qu'un feu de la Nuit
Qûi diſparoît dès que le Soleil luit,
Et qu'un feul jour détruiſant vos chimeres
Détruit auſſi vos lauriers éphémeres.
Car ſi jamais de ſes erreurs abſous
L'œil du Public vient à s'ouvrir ſur vous,
Tel dont jadis les faveurs obtenues
Par vanité vous portoient juſqu'aux nues,
Par vanité mettra tous ſes ébats
A vous coeffer du bonnet de Midas,
Et devant lui votre gloire ternie
Ne ſera plus qu'un objet d'ironie.
Voilà le fort & le fatal écueil
Où tôt ou tard vient échouer l'orgueil
De tous ces Nains, petits Géans précoces
Que leurs flatteurs érigent en Coloſſes,
Mais qu'à la fin le bon-ſens fait rentrer
Dans le néant dont on les ſçut tirer.
Dans le néant? dira quelqu'un peut-être:
Pourquoi vouloir anéantir leur Etre?
Lorſqu'un Auteur du Public abjuré
Voitcontre lui tout bon vent déclaré,

Il peut, ailleurs dirigeant sa bouſſole,

Tenter encor le caprice d'Eole,

Dans la Tribune achalander ſon art,

De la Queſture arborer l'étendart;

Ou chez un Grand par qui tout ſe gouverne

Briguer le rang d'Important ſubalterne.

Oui-da. Je ſai qu'un mérite commun

Par cent moyens, ſi ce n'eſt aſſez d'un,

Peut s'élever au rang qu'on lui dénie.

Je ſai de plus que le même Génie

Qui dans un art ſçut nous faire exceller,

Peut dans tout autre encor nous ſignaler.

Mais une fois que la fureur d'écrire

A par malheur établi ſon empire

Dans le cerveau d'un Rimeur aveuglé,

Vuide de ſens, & de ſoi-même enflé ;

C'eſt une gale, un ulcere tenace,

Qui de ſon ſang corrompt toute la maſſe,

Endort ſon ame, & lui rend ennuyeux

Tout exercice honnête & ſérieux.

Jouet oiſif de ſon talent futile,

N'en attendez rien de bon & d'utile,

Séduit ſur tout, & gâté chaque jour

Par l'amidon des Parfumeurs de Cour.

Car

Car c'eſt vous ſeuls, excuſez ma franchiſe,

Meſſieurs les Grands, par qui s'immortaliſe

Dans ſon eſprit l'incurable travers

Qui l'abrutit dans l'amour de ſes vers.

A votre rang meſurant vos louanges,

Il croit parler la langue des Arcanges;

Ce don céleſte eſt un ſacré dépôt

Dont il doit compte au Public. Et bien-tôt

Nous l'allons voir au ſommet du Parnaſſe

A chaque Auteur diſtribuant ſa place,

Dicter de là ſes dogmes étourdis,

Et faire en loi paſſer tous ſes Edits,

Omologuez ſelon ſa fantaiſie

Au Tribunal de votre Courtoiſie.

Car pour le peu que quelque trait ſaillant,

Quelque antitheſe ou quelque mot brillant,

D'un vain éclair de lumiere imprévue

Vienne éblouïr votre débile vue,

C'en eſt aſſez; tout le reſte va bien.

Le mot fait tout, la choſe ne fait rien.

C'eſt un Oracle, un Héros, un modèle.

Modèle ſoit : mais le Public rebelle

Examinant votre petit Héros

Sur ſon mérite & non ſur vos grands mots,

Dévoile enfin tout fon charlatanifme;

Et ce Public, fléau du pedantifme,

N'épargne pas quand l'écrit eft jugé,

Le Protecteur plus que le protegé.

Il vous apprend qu'un ignorant fuffrage

N'eft pas moins fot qu'un ignorant ouvrage :

Que les grands airs & le ton emphafé

Au fens-commun n'ont jamais impofé :

Qu'un Courtifan, qu'un Magiftrat habile,

Qu'un Guerrier même, un Hector, un Achille,

En fait de goût n'eft pas plus compétant

Qu'en fait de guerre un Auteur éclatant :

Mais que l'orgueil qu'un Mérite fuprême

Peut excufer, devient la fadeur même

Dans le babil d'un petit triolet

De marmoufets, pedans à poil folet,

Qui fans fçavoir, fans règles, fans principes,

Du bel-efprit fe font les Prototypes,

Tranchent fur tout , & veulent à tout prix

Nous enfeigner ce qu'ils n'ont point appris.

C'eft la leçon que vous fait la Critique.

Et pour vous faire un tableau dramatique

Des contretems & du fort déplaifant

A quoi s'expofe un efprit fuffifant,

Qui

Qui soutenu du vent de sa chimere,

Pour s'élever sort de son atmosphere,

Je finirai ce propos ingénu

Par le récit d'un conte assez connu,

Qu'au bon vieux tems d'un crayon moins profane

Maitre Louis mit en rime Toscane.

Un Noble fut dans Venise estimé,

Qui Général de l'Etat proclamé,

Abandonnant & gondole & chaloupe

En Terre ferme alla joindre sa Troupe;

Et fierement sur un cheval Danois

Se fit grimper pour la premiere fois.

A peine assis sur le coursier sublime,

Des éperons coup sur coup il s'escrime;

Puis le voyant saillir un peu trop fort,

Retire à lui la bride avec effort.

Dans ce conflict sans ralentir son zéle

Notre Ecuyer voltigeoit sur la selle,

Faisant servir à ses vœux incertains

Tantôt la botte, & tantôt les deux mains.

Tant qu'à la fin l'affligé Bucéphale,

Qui saccadé par la bride fatale

Se sent encor diffamer les côtez

Par deux talons de pointes ergotez,

A 7

Las

Las de porter un fi rude Alexandre,
Et ne fachant des deux auquel entendre,
De l'éperon qui le preffe d'aller,
Ou du bridon qui le fait reculer,
Prend fon parti, faute, bondit, s'anime,
Se dreffe; & jette à bas l'Illuftriffime,
Homme & cheval roulant fur les cailloux,
Cheval deffus, & Monfeigneur deffous.
Ah, dit-il lors! mon malheur fert d'école
A tout Galand, qui né pour la gondole
S'expofe à mettre un pied dans l'étrier.
Chacun doit faire ici-bas fon métier.

EPITRE

EPITRE VIII.

A THALIE.

SI je voulois, ambitieux Critique
Réduire en art la Comédie antique,
Et débrouiller ses mysteres divers;
J'adresserois ma priere & mes vers
A ce Génie autrefois par Terence
Emancipé non loin de sa naissance,
Puis tout à coup de son domaine exclus,
Evanoüi trois cens lustres & plus.
Mais aujourd'hui que l'art d'un nouveau Maître
Le plus fameux que la Scene ait vû naître,
De ce Génie abattu de langueur
A rajeuni la force & la vigueur;
Pour expliquer les loix qu'il a tracées,
Par-tout, hélas! déja presque effacées,
Et pour vanger leur empire abjuré,
De quel flambeau pourrois-je être éclairé

Que

Que des rayons de la Muse elle-même
Qui de son art lui traça le syftême,
Et l'infpirant lui fçut tout à la fois
Faire connoître & pratiquer fes loix?
C'eft donc à vous, ô divine Thalie,
A m'enfeigner comment s'eft rétablie
Sous un mortel guidé par votre main
L'intégrité du Théatre Romain ;
Et par quel fort jaloux de notre gloire,
De vos leçons banniffant la mémoire,
Tout de nouveau nous le faifons rentrer
Dans le cahos dont il fut fe tirer.
De ce progrès, de cette décadence
L'effet certain s'offre avec évidence.
Tâchons ici d'en marquer, s'il fe peut,
Le vrai principe & l'invifible nœud.

Tout inftitut, tout art, toute police
Subordonnée au pouvoir du caprice,
Doit être auffi conféquemment pour tous
Subordonnée à nos differens goûts.
Mais de ces goûts la diffemblance extrême,
A le bien prendre, eft un foible problême,
Et quoi qu'on dife, on n'en fauroit jamais
Compter que deux; l'un bon, l'autre mauvais.
Par

Par des talens que le travail cultive,

A ce premier pas à pas on arrive;

Et le Public, que sa bonté prévient,

Pour quelque tems s'y fixe & s'y maintient.

Mais éblouïs enfin par l'étincelle

De quelque mode inconnue & nouvelle,

L'ennui du beau nous fait aimer le laid,

Et préférer le moindre au plus parfait.

   Par les Romains, chez les Grecs empruntée,

L'Architecture au plus haut point portée

Fait admirer encor dans ses débris

Son goût docile à ses Maîtres chéris.

Elle sçut même enchérir sur leurs graces:

Mais ce ne fut qu'en marchant sur leurs traces,

Et sans risquer ses pas avanturez

Dans des sentiers de leur route égarez.

Ainsi par eux s'élevant sur eux-même

Elle eût toujours jouï du rang suprême

Et des honneurs à ses travaux aquis,

Si ce fléau des arts les plus exquis,

Ce corrupteur des sages disciplines,

Cet ennemi des plus pures doctrines,

L'orgueil aveugle, & l'amour entêté

Du changement & de la nouveauté,

Lui

Lui préfentant fes perfides amorces
N'eût par degrez miné toutes fes forces,
Et d'un corps mâle & d'embonpoint orné
Fait un fquelette aride & décharné.
On vit dès-lors fon arrogance énorme
Fronder le goût de l'antique uniforme.
Toujours même art, mêmes dimenfions,
Mêmes contours, mêmes proportions :
Temples, Palais, Places, Maifons privées,
Frifes, Frontons, Colonnes élevées
Sur même plan & fur même niveau ;
Et nul deffein, nul agrément nouveau ?
Affranchiffons de cette tyrannie,
Il en eft tems, notre libre génie.
Cette façade, y compris chaque flanc,
A, dites-vous, cent colonnes de rang ?
Varions-la : diftinguons-les entre elles
Par cent hauteurs, par cent formes nouvelles.
Ce grand Portail d'ornemens dégarni,
Plus ouvragé paroîtra moins uni.
Cet Ordre eft fimple & tout d'une parure ?
Entaffons-y figure fur figure.
Ce mur avance ? il le faut enfoncer.
Ce toit s'éleve ? il le faut rabaiffer.

Il faut enfin dans fa pedanterie

Laiffer vieillir la froide fymétrie:

Par ce moyen, loin d'être imitateurs,

Nous deviendrons d'illuftres inventeurs.

   Cette peinture eft l'image hiftorique

Des changemens de la Mufe comique.

Telle en ce fiecle aux nouveautez enclin

Fut fa fortune, & tel eft fon déclin.

De fon Génie éteint avec les Graces

Il ne reftoit ni veftiges ni traces,

Avant qu'Armand heureux à tout tenter

Eût entrepris de le reffufciter:

Mais ce Génie alors en fon enfance,

Dans fon berceau, dépourvu d'affiftance,

Faute d'un Maître habile à l'effayer,

N'avoit encore appris qu'à bégayer:

Lorfqu'affifté de Terence & de Plaute

Moliere vint, dont la voix ferme & haute

Lui fit d'abord par de juftes leçons.

Articuler & diftinguer fes fons.

Bien-tôt après fur fes avis fidèles

S'apprivoifant avec ces grands modèles,

Et dans leur lice inftruit à s'exercer,

Il apprit d'eux l'art de les devancer:

Sous

Sous ce grand homme enfin la Comédie
Sçut arriver justement applaudie
A ce point fixe où l'art doit aboutir,
Et dont sans risque il ne peut plus sortir.
Ce fut alors que la Scene féconde
Devint l'école & le miroir du monde ;
Et que chacun , loin d'en être choqué,
Fit son plaisir de s'y voir démasqué.
Là le Marquis figuré sans emblême
Fut le premier à rire de lui-même;
Et le Bourgeois apprit sans nul regret,
A se moquer de son propre portrait.
Le sot Savant; la docte Extravagante,
La Précieuse & la Prude arrogante,
Le faux Dévot , l'Avare, le Jaloux,
Le Médecin, le Malade; enfin tous
Chez une Muse en passe-tems fertile
Vinrent chercher un passe-tems utile.
Les beaux discours, les grands raisonnemens,
Les lieux communs, & les beaux sentimens
Furent bannis de son joyeux domaine,
Et renvoyez à sa sœur Melpomene;
Bref sur un thrône au seul Rire affecté
Le Rire seul eut droit d'être exalté.

C'est

C'eſt par cet art qu'elle charma la Ville,
Et que toujours renfermée en ſon ſtile,
A la Cour même où ſur-tout elle plut,
Elle atteignit ſon véritable but.
Quand tout à coup la licence ſantaſque
Levant ſur elle un poignard Bergamaſque,
Vint à nos yeux de ſes membres hachez
Eparpiller les lambeaux détachez,
Et ſur la Scene, ô honte du Parnaſſe!
Reſſuſciter le vieux monſtre d'Horace.
Mais non : la Muſe étoit en ſureté,
Et ſon nom ſeul pouvoit être inſulté.
Que peut contre elle un fantôme ſtérile,
De l'Italie engeance puérile?
Ce n'eſt pas lui de qui l'effort jaloux,
Nymphe immortelle, eſt à craindre pour vous.
Ce que je crains c'eſt ce funeſte guide,
Cet enchanteur de nouveautez avide,
Qui ne penſant qu'à vous aſſaſſiner,
Du grand chemin cherche à vous détourner,
Et vous conduit à votre ſépulture
Par des ſentiers de fleurs & de verdure.
C'eſt lui qui maſque & déguiſe en phébus
Vos traits naïfs & vos vrais attributs ;

C'eſt

C'eft lui chez qui votre joye ingénue
Languit captive & prefque méconnue,
Dans ces atours recherchez & fleuris
Qui femblent faits pour les feuls Beaux-Efprits,
Et dont tout l'art qu'en bâillant on admire
Arrache à peine un froid & vain fourire :
Enfin c'eft lui qui de vent vous nourrit,
Et qui toujours courant après l'efprit,
De Malebranche éleve fanatique
Met en crédit ce jargon dogmatique,
Ces argumens, ces doctes Rituels,
Ces entretiens fins & fpirituels,
Ces fentimens que la Mufe tragique
Non fans raifon réclame & revendique,
Et dans lefquels un Acteur charlatan
Du cœur humain nous décrit le Roman.
Hé ventrebleu ! Pédagogue infidelle,
Décri-nous-en l'hiftoire naturelle,
Diroit celui par qui l'Homme au fonnet
Eft renvoyé tout plat au cabinet :
Expofe-nous fes délires frivoles
En actions, & non pas en paroles ;
Et ne vien plus m'embrouiller le cerveau
De ton Sublime auffi trifte que beau.

L'art

L'art n'eft point fait pour tracer des modèles,
Mais pour fournir des exemples fidèles
Du ridicule & des abus divers
Où tombe l'homme en proye à fes travers.
Quand tel qu'il eft on me l'a fait paroître,
Je me figure affez quel je dois être,
Sans qu'il me faille affliger en public
D'un froid fermon paffé par l'alembic.
Loin tout Rimeur enflé de beaux paffages,
Qui fur lui feul moulant fes perfonnages,
Veut qu'ils aient tous autant d'efprit que lui,
Et ne nous peint que foi-même en autrui.
Je puis du moins admettre une folie
Qui fert de cure à ma mélancolie,
Et m'égayer dans le jeu naturel
D'un Trivelin qui fe donne pour tel :
Mais un Boufon qui lorfque je veux rire
Fait le Sophifte & prétend que j'admire
Son beau langage & fa fubtilité;
A dire vrai, le Bon-fens revolté
Perd patience à ce babil myftique,
Et s'accommode encor moins d'un comique
Dont la froideur tient la joye en échec,
Que d'un tragique où l'œil demeure à fec.
Quoi?

Quoi? dira-t-on, l'efprit à votre compte
Ne peut donc plus fervir qu'à notre honte?
C'eft un fauffaire, un prévaricateur,
De toute règle éternel infracteur,
Et qu'Apollon fuivant votre hypothefe
Devroit chaffer du Pinde? A Dieu ne plaife!
Je fai trop bien qu'un fi riche ornement
Eft de notre art le premier inftrument,
Et que l'efprit, l'efprit feul peut fans doute
Aux grands fuccès fe frayer une route.
Ce que j'attaque eft l'emploi vicieux
Que nous faifons de ce préfent des Cieux.
Son plus beau feu fe convertit en glace,
Dès qu'une fois il luit hors de fa place;
Et rien enfin n'eft plus froid qu'un écrit
Où l'efprit brille aux dépens de l'efprit.
Au haut des airs le vol de ma penfée
Peut m'élever: mais fans le caducée
De la Raifon, cet effor ne me fert
Q'à prolonger une erreur qui me perd:
Comme un courfier que le voyageur yvre
A dérouté du chemin qu'il doit fuivre,
Plus il eft prompt, diligent & foudain,
Plus il s'éloigne & fe fatigue en vain.

N'allons

N'allons donc plus, déferteurs de nos Peres,
Sacrifier à nos propres chimeres;
Et fans rifquer un honteux démenti,
Tenons-nous-en, c'eft le plus fûr parti;
Au droit chemin tracé par nos Ancêtres.
Tel méprifant l'exemple de fes Maîtres
Dans fon idée en croit être plus grand,
Qui dans le fond n'en eft que different;
Au fuc exquis d'un aliment folide
Pourquoi mêler notre fel infipide?
Si le Génie en nous fe fait fentir.
Et de prifon fe prépare à fortir,
Laiffons agir fon naturel aimable;
Sans abforber ce qu'il a d'eftimable
Dans une mer de frivoles langueurs;
Dans ce fatras de morale fans mœurs,
De véritez froides & déplacées,
De mots nouveaux, & de fades penfées
Qui font briller tant d'Auteurs importuns,
Toujours louez des connoiffeurs communs,
Et qui pis eft, louez par l'endroit même
Qui du Bon-fens mérite l'anathême.
Car tout novice en difant ce qu'il faut
Ne croit jamais s'élever affez haut.

B

C'eft

C'est en disant ce qu'il ne doit pas dire,
Qu'il s'éblouït, se délecte & s'admire:
Dans ses écarts non moins présomptueux
Qu'un indigent superbe & fastueux,
Qui se laissant manquer du nécessaire
Du superflu fait son unique affaire.
A nos Auteurs ce n'est point, entre nous,
L'esprit qui manque: ils en ont presque tous;
Mais je voudrois dans ces nouveaux adeptes
Voir une humeur moins rétive aux préceptes
Qui du Théatre ont établi la Loi.
Ils en auroient mieux profité que moi:
Mais tout compté, je crois, Dieu me pardonne,
Que si j'étois pourvu, moi qui raisonne,
D'autant d'esprit qu'ils en ont en effet,
Je ferois mieux peut-être qu'ils n'ont fait.
Encore un mot à ces Esprits séveres,
Qui du beau stile Orateurs somniferes
M'allégueront peut-être avec hauteur
L'autorité de cet illustre Auteur,
Qui *dans le sac où Scapin s'envelope*
Ne trouve plus l'Auteur du Misantrope.
Non, il ne put l'y trouver, j'en convien:
Mais ce grand Juge y retrouva fort bien

Le

Le Grec fameux qui fçut en perſonnages

Faire jadis changer juſqu'aux nuages,

Un chœur d'oiſeaux en peuple reveré,

Et Plutus même en Argus éclairé.

Ariſtophane auſſi bien que Menandre

Charmoit les Grecs aſſemblez pour l'entendre,

Et Raphaël peignit ſans déroger

Plus d'une fois maint grotefque leger.

Ce n'eſt point-là flétrir ſes premiers rôles,

C'eſt de l'eſprit embraſſer les deux poles,

Par deux chemins c'eſt tendre au même but,

Et s'illuſtrer par un double attribut.

Songez-y donc, chers enfans d'une Muſe

Qui cherche à rire & que la joye amuſe.

Depuis cent ans deux Théatres chéris

Sont conſacrez l'un aux Pleurs, l'autre aux **Ris.**

Sans les confondre, il faut tâcher d'y plaire,

Si toutefois vous n'aimez pas mieux faire

(Pour diſtinguer votre ſçavoir profond)

Rire au premier & pleurer au ſecond.

EPITRE IX.

A MONSIEUR ROLLIN.

DOCTE héritier des Tréfors de la Grece,
Qui le premier par une heureufe adreffe
Sçus dans l'hiftoire affocier le ton
De Thucydide à la voix de Platon:
Sage Rollin: quel efprit fympathique
T'a pu guider dans ce fiécle critique,
Pour échaper à tant d'effains divers
D'âpres Cenfeurs qui peuplent l'Univers?
Toujours croiffant de volume en volume,
Quel bon génie a dirigé ta plume?
Par quel bonheur enfin ou par quel art
As-tu forcé le volage Hazard,
L'aveugle Erreur, la Chicane infenfée,
L'Orgueil jaloux, l'Envie intereffée,
De te laiffer en pleine fureté
Jouïr vivant de ta pofterité,

Et

Et de changer pour Toi feul, fans mêlange,
Leurs cris d'angoiffe en concert de louange ?

Tout écrivain vulgaire ou non commun
N'a proprement que de deux objets l'un :
Ou d'éclairer par un travail utile,
Ou d'attacher par l'agrément du ftile :
Car fans cela quel Auteur, quel écrit
Peut par les yeux percer jufqu'à l'efprit ?
Mais cet efprit lui-même en tant d'étages
Se fubdivife à l'égard des ouvrages,
Que du public tel charme la moitié,
Qui très fouvent à l'autre fait pitié.
Du Sénateur la gravité s'offenfe
D'un agrément dépourvu de fubftance ;
Le Courtifan fe trouve effarouché
D'un férieux d'agrément détaché ;
Tous les Lecteurs ont leurs goûts, leurs manies,
Quel Auteur donc peut fixer leurs génies ?
Celui-là feul qui formant le projet
De réunir & l'un & l'autre objet,
Sçait rendre à tous l'utile délectable,
Et l'attrayant utile & profitable :
Voilà le centre & l'immuable point
Où toute ligne aboutit & fe joint.

Or ce grand but, ce point mathématique
C'eſt le vrai ſeul, le vrai qui nous l'indique ;
Tout hors de lui n'eſt que futilité,
Et tout en lui devient ſublimité.

Sur cette règle, ami, le moindre Oedipe
Peut deviner la ſource & le principe
De ce ſuccès qui pour toi parmi nous
Accorde, unit & fixe tous les goûts.
La vérité ſimple, naïve & pure,
Par-tout marquée au coin de la nature,
Dans ton hiſtoire offre un ſublime eſſai
Où tout eſt Beau parce que tout eſt Vrai :
Non d'un vrai ſec & crûment hiſtorique :
Mais de ce vrai moral & théorique,
Qui nous montrant les hommes tels qu'ils ſont,
De notre cœur nous découvre le fond,
Nous peint en eux nos propres injuſtices,
Et nous fait voir la vertu dans leurs vices.
C'eſt un Théatre, un ſpectacle nouveau,
Où tous les morts ſortant de leur tombeau
Viennent encor ſur une ſcène illuſtre
Se préſenter à nous dans leur vrai luſtre ;
Et du Public dépouillé d'interêt,
Humbles Acteurs, attendre leur Arrêt.

Là

Là retraçant leurs foibleſſes paſſées,
Leurs actions, leurs diſcours, leurs penſées,
A chaque état ils reviennent dicter
Ce qu'il faut fuir, ce qu'il faut imiter ;
Ce que chacun ſuivant ce qu'il peut être
Doit pratiquer, voir, entendre, connaître ;
Et leur exemple en diverſes façons
Donnant à tous les plus nobles leçons,
Rois, Magiſtrats, Légiſlateurs ſuprêmes,
Princes, Guerriers, ſimples Citoyens mêmes
Dans ce ſincère & fidèle miroir
Peuvent apprendre & lire leur devoir.
Ne penſe pas pourtant qu'en ce langage
Je vienne ici préconiſeur peu ſage
Tenter ton zèle humble, religieux,
Par un encens à toi-même odieux.
Raſſure-toi : non, j'oſe te le dire,
Ce n'eſt pas toi, cher Rollin, que j'admire.
J'admire en toi, plus juſtement épris,
L'Auteur divin qui parle en tes écrits,
Qui par ta main retraçant ſes miracles,
Qui par ta voix expliquant ſes oracles,
T'a librement & pour prix de ta foi
Daigné choiſir pour ce ſublime emploi :

Mais qui pouvoit fur tout autre en ta place
Faire à fon choix tomber la même grace,
Et jufqu'à moi la laiffer parvenir
S'il m'eût jugé digne de l'obtenir.
Il a voulu montrer par le fuffrage
Dont fa faveur couronne ton ouvrage,
Quelle diftance il met entre celui
Qui comme toi ne fe cherche qu'en lui,
Et tout efprit qu'aveugle la fumée
De ce grand Rien qu'on nomme Renommée,
Fantôme errant qui nourri par le bruit,
Fuit qui le cherche, & cherche qui le fuit:
Mais qui du fort enfant illégitime,
Et quelquefois miferable victime,
N'eft rien en foi qu'un être menfonger,
Une ombre vaine, accident paffager
Qui fuit le corps, bien fouvent le précède,
Et plus fouvent l'accourcit ou l'excède.
C'eft lui pourtant, lui, dont tous les mortels
Viennent en foule encenfer les autels:
C'eft cette idole à qui tout facrifie,
A qui durant tout le cours de leur vie
Grands & petits follement empreffez
Offrent leurs vœux, fouvent mal exaucez.

Non

Non que l'espoir d'un succès équitable

Dans son objet ait rien de condamnable ?

Ni que le cœur doive s'y refuser

Quand le principe est de s'y proposer

Du Roi des Rois la gloire souveraine,

Ou du prochain l'utilité certaine.

Mais si l'amour d'un chatouilleux encens

Enivre seul notre esprit & nos sens ;

Si rejettant la véritable gloire.

Nous nous bornons à l'honneur illusoire

De fasciner par nos foibles clartez

D'un vain public les yeux débilitez,

Sans consulter par d'utiles prieres

L'unique Auteur de toutes les lumieres ;

En quelque rang que le Ciel nous ait mis,

Petits ou grands, ne soyons pas surpris

Qu'au-lieu d'encens, le dégoût populaire

De notre orgueil devienne le salaire ;

Ou que du moins nos succès éclatans,

Soient traverfez par tous les contre-tems

Dont l'ignorance ou l'envie hypocrite

Troublent toujours tout aveugle mérite

Qui n'écoutant, n'envisageant que soi,

Borne à lui-seul son objet & sa loi.

B 5.

C'est

C'eſt-là peut-être , ami , je le confeſſe ,

(Car c'eſt ainſi que l'orgueil nous abaiſſe)

Ce qui du Ciel irritant le courroux

M'a ſuſcité tant d'ennemis jaloux ,

Qu'une brutale & lâche calomnie

Acharne encor ſur ma vertu ternie ,

Et qui toujours dans leurs propres couleurs

Cherchent la mienne & mes traits dans les leurs.

Triſte loyer , châtiment lamentable

D'un amour propre , il eſt vrai , plus traitable ,

Et de vapeurs moins qu'un autre enivré ,

Mais dans ſoi-même encor trop concentré ,

Et ne cherchant dans ſes vains exercices

Qu'à contenter ſes volages caprices.

Quelques efforts qu'ait toutefois tenté

De leur courroux l'âpre malignité

Pour infecter l'air pur que je reſpire ,

J'ai ſçu tirer au moins , ou pour mieux dire ,

Le Ciel m'a fait tirer par ſes ſecours

Un double fruit de leurs affreux diſcours :

L'un d'entrevoir , que dis-je ? de connaître

Dans ce fléau la juſtice d'un Maître

Qui ne tolere en eux des traits ſi faux ,

Que pour punir en nous de vrais défauts:

L'autre

L'autre, d'apprendre à ne leur plus répondre
Que par des mœurs dignes de les confondre,
A les laisser croupir dans le mépris
Dont le Public les a déja flétris,
A fuir enfin toute escrime inégale
Qui d'eux à nous rempliroit l'intervale.
Car le danger de se voir insulté
N'est pas restraint à la difficulté
De réfuter les fables Romancieres
De ces Fripiers d'impostures grossieres,
Dont le venin non moins fade qu'amer
Se fait vomir comme l'eau de la Mer;
Il est aisé d'arrêter leurs vacarmes,
Et de les vaincre avec leurs propres armes;
Ce n'est pas là le danger capital:
Le vrai péril est le piége fatal
Que leur noirceur tend à notre innocence
Pour l'engager dans la même licence,
Pour la changer en colere, en aigreur,
En médisance, en chicane, en fureur:
Nous réduisant enfin pour tout sommaire
A n'avoir plus nul reproche à leur faire,
Dès qu'envers nous leurs crimes personels
Nous ont rendus envers eux criminels.

B 6

Qu'ar.

Qu'arrive-t-il de ces lâches batailles,
De ces défis, embuches, repréfailles?
C'eft qu'en croyant par l'effort de nos coups
Nous vanger d'eux, nous les vangeons de nous:
Qu'en travaillant fur de fi faux modèles,
Nous devenons leurs copiftes fidèles,
Donnant comme eux, ridicules Héros,
A nos dépens la Comédie aux fots;
Et leur montrant baffement avilie
Notre fageffe habillée en folie.
Le bel honneur! d'attrouper les paffans
Au bruit honteux de nos cris indécens!
Quelle pitié de prendre ainfi le change!
N'allons donc point pour blâme ou pour louange
Dépaïfer des talens eftimez
Et du public peut-être réclamez,
En détournant leur légitime ufage
A des emplois indignes d'un vrai fage;
Et nous vangeant par de plus nobles traits,
Songeons au fruit qu'à de bien moindres frais
Peut retirer un folide Mérite
Des ennemis que le fort lui fufcite.
Tous ces travaux dont il eft combattu
Sont l'aliment qui nourrit fa vertu.

Dans

Dans le repos elle s'endort fans peine :

Mais les affauts la tiennent en haleine.

Un Ennemi, dit un célébre Auteur,

Eft un foigneux & docte Précepteur,

Fâcheux par-fois, mais toujours falutaire,

Et qui nous fert fans gages ni falaire :

Dans fes leçons plus utile cent fois

Que ces Amis dont la timide voix

Craint d'éveiller notre efprit qui fommeille,

Par des accens trop durs à notre oreille,

A qui des deux en effet m'adreffer

Dans les befoins dont je me fens preffer ?

Eft-ce au Flatteur qui me loue & m'encenfe ?

Eft-ce à l'Ami qui me tait ce qu'il penfe ?

Par tous les deux féduit au même point,

Mon Ennemi feul ne me trompe point.

Du foible Ami dépouillant la moleffe,

Du vil Flatteur dédaignant la foupleffe,

Son émétique eft un breuvage heureux,

Souvent utile, & jamais dangereux.

Car fi celui dont la main le prépare

D'empoifonneur porte déja la tare,

Qu'ai-je à rifquer ? de fon venin chétif,

Son venin même eft le préfervatif,

S'il m'a taxé d'une infirmité feinte :
La Verité du même coup atteinte
Sçaura bientôt trouver plus d'un moyen
Pour rétablir son crédit & le mien.
Mais par malheur, si d'un mal véritable
Il trouve en moi le signe indubitable :
S'il m'avertit par ses cris pointilleux,
D'un vrai levain, d'un ferment périlleux
Qui de mon sang altere la substance :
Alors sa haine, & la noire constance
Dont me poursuit son courroux effronté,
Sans qu'il y songe, avancent ma santé :
C'est une épée, un glaive favorable,
Qui dans ses mains malgré lui secourable,
M'ouvrant le flanc pour abreger mon sort,
Perce l'abscès qui me donnoit la mort.
Si je guéris, l'intention contraire
De l'assassin ne fait rien à l'affaire ;
De son forfait toute l'utilité
Reste à moi seul, à lui l'iniquité.
C'est donc à l'homme envers la Providence
Une bien folle & bien haute imprudence,
D'attribuer à son inimitié
Ce qui souvent n'est dû qu'à sa pitié.

Cés

Ces contre-tems, ces triſtes avantures
Sont bien plutôt d'heureuſes conjonctures
Dont le concours l'aſſiſte & le ſoutient,
Non comme il veut, mais comme il lui convient.
L'Etre ſuprême en ſes loix adorables,
Par des reſſorts toujours impénétrables,
Fait quand il veut des maux les plus outrez
Naître les biens les plus ineſperez.
A quel propos vouloir donc par caprice
Intervertir l'ordre de ſa juſtice;
Et la tenter par d'aveugles regrets,
Ou par des vœux encor plus indiſcrets?
O ſi du Ciel la bonté légitime
Daignoit enfin du malheur qui m'opprime
Faire ceſſer le cours injurieux!
Si ſon flambeau deſſillant tous les yeux
A ma vertu ſi long-tems pourſuivie
Rendoit l'éclat dont l'implacable Envie
Sous l'épaiſſeur de ſes brouillards obſcurs
Offuſque encor les rayons les plus purs!
Cette priere innocente & ſoumiſe,
Je l'avoûrai, peut vous être permiſe:
Vous en avez légitimé l'ardeur
Par votre vie & par votre candeur:

Votre

Votre innocence inflexible & robuſte

N'a point plié ſous un pouvoir injuſte :

Votre devoir eſt rempli. Tout va bien :

Soyez en paix : le Ciel fera le ſien.

Il a voulu ſe réſerver la gloire

De ſon triomphe & de votre victoire,

Et prévenir en vous la vanité

Qu'en votre cœur eût peut-être excité

Une facile & promte réuſſite

Attribuée à votre ſeul mérite :

Vous épargnant ainſi le dur fardeau

Et les rigueurs d'un châtiment nouveau :

Dans nos ſouhaits, aveugles que nous ſommes,

Nous ignorons le vrai bonheur des Hommes ;

Nous le bornons aux fragiles honneurs,

Aux vanitez, aux plaiſirs ſuborneurs ;

A captiver l'eſtime populaire ;

A raſſembler tout ce qui peut nous plaire ;

A nous tirer du rang de nos égaux ;

A ſurmonter enfin tous nos Rivaux.

Bonheur fatal ! dangereuſe fortune ;

Et que le Ciel, que ſouvent importune

L'avidité de nos trompeurs deſirs,

Dans ſa colere accorde à nos ſoupirs.

Ce

Ce n'eſt jamais qu'au moment de ſa chute,

Que notre orgueil voit du rang qu'il diſpute

La redoutable & profonde hauteur.

Ce Courtiſan qu'enivre un vent flatteur

Vient d'obtenir par ſa brigue funeſte

La place dûe au mérite modeſte :

Pour l'exalter tout ſemble réuni :

Il eſt content. Dites qu'il eſt puni.

Il lui falloit cette place éclairée,

Pour mettre en jour ſa miſere ignorée.

N'allons donc plus par de folles ferveurs

Preſcrire au Ciel ſes dons & ſes faveurs,

Demandons-lui la prudence équitable,

La piété ſincere, charitable ;

Demandons-lui ſa grace, ſon amour :

Et s'il devoit nous arriver un jour

De fatiguer ſa facile indulgence

Par d'autres vœux, pourvoyons-nous d'avance

D'aſſez de zèle & d'aſſez de vertus

Pour devenir dignes de ſes refus.

APPROBATION.

J'Ai lu par l'ordre de Monseigneur le Garde des Sceaux trois nouvelles Epitres du Sieur Rousseau, & je crois qu'elles seront agréablement reçues du Public. A Paris, ce 22. Juin 1736.

Signé, LASERRE.

www.ingramcontent.com/pod-product-compliance
Ingram Content Group UK Ltd.
Pitfield, Milton Keynes, MK11 3LW, UK
UKHW031744170726
13836UKWH00002B/874